LA PIERRE DE TOVCHE

AVX

MAZARINS.

A PARIS;

M. DC. LII.

MAZARINS

A PARIS,
M. DC. LII.

LA PIERRE DE TOVCHE
AVX MAZARINS

L'Humeur tyrannique & barbare du Cardinal Mazarin, s'est esleuée depuis son retour en France, iusques à vn tel point d'insolence, que bien loing de se preparer en rentrant à se rendre plus supportable par les apparences d'vne plus douce administration, il a exercé toute sorte de cruauté sur ceux qui ont esté assez malheureux de se rencontrer sur son chemin, & nous faisant cognoistre par les premieres actions de son restablissement, qu'il ne raporte auec soy que de bien rudes chastimens, nous montre assez ouuertement, que ses commencemens estans tels, l'on ne peut en considerer la fin que comme la sanglante Tragedie, qui nous represente des-ja la subuersion entiere de la Monarchie Françoise, en estant venu iusques-là mesme de pretendre dés en auant nous faire esprouuer toute sorte de maux, auec tant d'authorité, qu'il n'entend point nous laisser mesme la liberté de nous plaindre, sans nous rendre coulpables & dignes de mort. Ce qu'il pretend, dis-je, que les...

public des pernicieux desseins qu'il a contre la Capitalle du Royaume, & contre ceux qui supposent à l'execution de ses funestes emportemens, soient à l'aduenir autant de crimes capitaux en la personne de ceux qui les donneront, & en nous ostant nos biens & nos vies, il veut encores nous fermer la bouche, afin que les iustes plaintes des vns mouuant à compassion les autres, n'anime tout le monde d'vn mesme ressentiment contre ce perfide, pour conspirer vnaniment sa perte auparauant qu'il ait acheué la nostre. C'est pourquoy ses partisans s'occupent depuis son retour auec tant d'exactitude à la recherche de ceux, qui picquez de bon zelle pour le peuple, ne peuuent s'empescher de parler ou d'escrire contre la mauuaise conduitte du perturbateur de son repos, afin que les surprenant dans vn sentiment contraire à son ambition, ils soient les premiers qui seruiront de victime à la vengence qu'il y eut prendre de tous ceux qui n'auront point contribué à son restablissement.

Ce traistre & ses complices pretendent qu'il leur sera permis d'exercer impunement toute sorte de cruauté sur tous les gens de bien, sans que l'on ose dire que l'on s'en ressent, ou que l'on y veut apporter du remede. Si Dieu nous afflige de quelque maladie pour nous faire ressouuenir de ce que nous deuons à sa souueraine bonté, encores nous
laisse-t'il

laisse-t'il le pouuoir & la liberté d'en raconter toutes les circonstances à celuy qui en entreprend la
Cure, sans que pour y vouloir remedier nous me-
ritions du chastiment; cet impudant pourtant est
si inhumain, que voulant nous faire benir la
main qui nous donne le coup, il ne peut point
supporter que l'on publie les maladies que son retour cause dans l'Estat, à ceux qui en ont entrepris
la guerison, parce qu'il en est l'autheur & la source venimeuse, qui doit estre supprimee auec tout
ce qui la fait subsister, afin que la cause cessant
nous n'en ressentions plus les contagieux effets.

Aueuglement estrange? & tesmoignage infaillible d'vne passion demesurée. La Reyne nous
a voulu persuader, *Que Monsieur le Prince se*
seruoit du retour du Cardinal d'vn specieux pretexte
de faire la guerre, qu'elle n'auoit rien moins dans la
pensée que ce rapel chimerique, qu'il falloit opprimer
tous ceux qui s'en seruois de suiet pour entretenir leur
faction, & qu'enfin toute la France voyoit que Mon-
sieur le Prince n'estoit qu'vn rebelle, qu'vn sedi-
tieux, qu'vn perturbateur du repos public, & enfin
que le plus meschant homme qui fut iamais nay, mais
si dans cette rencontre la Reyne a tesmoigné auoir
autant de haine pour ce grand Heros, qu'vne
femme est capable d'en auoir pour ce qu'elle a le
plus en horreur dans le monde. Elle a fait voir,
malgré nous à toute l'Europe, qu'elle a encores

B

bien plus d'amitié pour le Cardinal; car, puis qu'elle souhaitte tant de perdre Monsieur le Prince, & qu'elle n'obmettoit rien, au peril mesme la Couronne, pour destruire celuy qu'la si bien soustenuë: il n'y auoit qu'à differer encores vn peu de temps ce precieux moment qu'elle attendoit auec tant d'impatience, de reuoir ce cher Sicilien, Cet incomparable Ministre, cet aymable Mazarin. Et par ce moyen Monseigneur le Prince auroit eu tout le tort, ce retour nous eut paru supposé, toute la France leur obligé à poser les armes, nous iouïrions d'vne parfaitte tranquilité, & la Reyne auroit mieux ioüé son coup: mais non, ces raisonnemens sont ridicules à des personnes qui ayment auec tant de passion, la conqueste de toute la terre ne leur est rien au prix de la presence de l'obiet de leurs chaudes amours, & differer vn moment, ce contentement leur est plus preiudiciable que la perte generalle de cent Royaumes?

Enfin, pour en parler sainement, si la Reyne auoit plus d'amitié pour le Roy son fils, qu'elle n'en a pour le Mazarin; elle ne l'auroit point rappellé pour faire dechirer son Royaume: mais il ne luy importe, il est Estranger, elle est Estrangere, si elle a de l'amitié pour luy, il n'en a pas moins pour elle. La France leur est en trop peu de consideration, pour deuoir estre preferée au contentement d'vne telle passion. Le Cardinal resmoigne dans-

cette rencôtre, que la Reyne ny met point tant du
sien, qu'il n'en hazarde pour le moins autant: car
si elle expose la Couronne de son fils, le Royaume entier & sa propre reputation, en precipitant à
contre-temps le restablissement de ce Ministre, ce
Cardinal hazarde sa fortune & sa propre personne,
pour n'auoir sceu enuoyer son Armée sous la conduitte du Marescha d'Oequincourt son confi-
dent, & attendre que son ennemy mortel fut op-
primé. D'où il est aisé de cognoistre que cette passion est si grande quelle les aueugle tellement,
qu'il ne leur reste point vn petit eschantillon de
iugement, pour cognoistre ce qui leur est necessaire. Toutes ses actions qu'ils s'imaginent faire
pour affoiblir Monseigneur le Prince, conperent
à le fortifier, parce que les desseins de ces Heros
n'ont d'autre fondement que la gloire de Dieu, le
restablissement de l'authorité Royalle, & le repos
des peuples: & au contraire les leurs ne sont esta-
blis que sur la resolution qu'ils ont faicte de tout
perdre, pour maintenir l'infame autheur de la de-
solation generalle de toute la Chrestienté. C'est
pourquoy il ne leur importe que cent mille famil-
les soient ruinées par les desordres que le Cardinal
remise, & par la suppression des deniers destinez au
payement des rentes, puisque c'est le contentement de ce digne fauory, & que ses thresors s'en
augmentent. Et enfin il est assez constant qu'il

ne leur importe point que toute la France soit ren-
uersée, & auec elle le Roy, Monseigneur son Frere,
& tout ce qu'il y a de gens de bien, pourueu que
dans cette perte generalle, le Cardinal y trouue sa
satisfaction, puisque ne despendant que de son
esloignement pour mettre toutes choses dans vn
bon ordre, l'on ayme mieux le retenir, que de sauuer l'Estat & la Couronne. *Voluptatibus lux mentis
extinguitur.*

Quoy ? ce perfide & ses creatures pretendroient
nous imposer le silence, dans vn temps auquel sa
mauuaise conduite & sa presence nous donne tant
de liberté de parler, & seront-ils bien si sots de
s'immaginer nous faire supporter malgré nous les
dommages qu'il nous cause, sans oser publier tant
de crimes, qui ont donné suiet à toutes les Cours
Souueraines de le condamner auec Iustice. Non,
non, *tot ora videbuntur esse quot erunt vulnera,* L'interest de la conseruation de la Monarchie, & de salut de tant de François affligez nous oblige de tra-
uailler incessamment à la ruine de Mazarin, & de
ceux qui s'interessent pour luy, sur ce debris l'Estat
y sera raffermy, & les peuples y trouueront leur
repos.

Quoy ? les Parlements, toutes les Chambres
assemblées auront promis recompence à celuy qui
representera ce Bonet Rouge, mort ou vif, &
quelques particuliers de sa faction deffendront de
publier

les motif d'vn Arrest, qu'ils soustiennent auoir
esté donné sans cognoissance de cause, & mal à
propos, quoy que neantmoins tout le monde co-
gnoist assez l'equité de cette sanglante fulmina-
tion, prononcée contre ce bougearron & ceux de
sa caballe. Et cet Arrest estant iuste, comme il est,
l'on ne peut trop descrier ceux, contre qui il a esté
donné, puis que ce n'est que manifester la raison qu'on en a eüe : C'est pourquoy ceux qui l'ac-
cusent d'iniustice en faisant le contraire, meritent
la mesme punition qu'on destine aux Mazarins,
puis qu'ils le fauorisent si ouuertement, pour luy
acquerir vn pouuoir trop absolu & illegitime, ne
se contentant point de celuy qu'il a, parce qu'il
en a desia trop. *Quod non potest, vult posse, qui ni-*
mium potest. Y a-t'il rien au monde de plus impertinent, ny
de plus insuportable que l'insolence des complices
du retour du Cardinal Mazarin, faisant publique
profession d'estre coulpables d'vn tel attentat, qu'il
n'ont point de honte d'auoir commis de mesme, &
viennent impunement persecuter tous ceux qui
disent qu'ils sont marquez de cette tache, dont ils
seroient pourtant bien faschez de se laver en aban-
donnant ce tyran Estranger, par ce qu'il y a des Be-
nefices à gagner, & vn des brigandage à exercer, &
font hardiment ce qu'ils voudroient n'ouïr deffendre de dire. Car de grace, qui a obligé le Maref-

C

chal d'Ocquincourt de conduire le Tyran en France contre les Arrests du Parlement; que l'Abaye de
Corbie qu'on a donné à son Fils, & les voleries
qu'on luy a permis pendant vne longue marche.
S'il pretend s'excuser sur ce que le Roy luy a com-
mandé, c'est vne raison qu'on ne reçoit point chez
les Frondeurs, à moins d'estre insensible à nos propres maux, ou d'en vouloir rendre sa Majesté coupable, ce qui ne tombe que dans la pensée des
Mazarins qui couurent toutes leurs entreprises du
Sacré Nom du Roy, pour s'en rendre innocens.
C'est pourquoy il ne peut dire, sinon, que la Reyne
la voulu, & qu'il est bien plus aisé d'auoir mené en
France celuy qui la doit perdre, que d'auoir perdu l'occasion de faire vn si bon butin, car la paix du Royaume, le salut de l'Estat, le repos des Peuples, le vray
& legitime seruice du Roy, le respect qu'il doit à
S. A. R. l'amitié des Princes du Sang, la venera-
tion que l'on doit auoir pour les Arrests du Parlement, & enfin tant de genereux sentimens qui
peuuent esmouuoir la volonté d'vn vray homme
d'honneur, on n'est point en luy à l'espreuue de 50.
ou 60. mil liures de rente, non plus qu'en tous
ceux du mesme party, puis que le seul interest les y
attache; & que, pour dix à douze mil francs de
pension, l'on void ceux mesme qui deuroit estre
les plus incorruptibles, estans Chef de Police dans
la Capitalle du Royaume, descrier la conduite de

S. A. R. & de Messieurs les Princes, pour iustifier
celle d'vn Mazarin banny, sans que le Lieutenant
Ciuil les rende suiets à la mesme peine que l'on im-
pose à ceux qui destruisent la reputation de son
Cardinal, & qui taschent de conseruer icelle de
nos bien-facteurs, de nos liberateurs, & de nos
protecteurs.

Le Lieutenant Ciuil animé d'vne rage insuppor-
table contre ceux du party de M. le Duc d'Orleans, & de M. le P. persecute quec tant de chaleur
tous ceux qui taschent de gagner leur vie en seruant le public contre les mauuaises intentions du
Cardinal, son Maistre, que tout le monde le peut
considerer maintenant comme vn autre Mazarin,
par l'estroict attachement qu'il a au seruice de ce
proscript. Les Imprimeurs qui trauaillent contre
les ennemis de ce Sicilien ne sont point suiets à la
rigueur de ses cruels Arrests, & ceux qui trauaille-
ront à la composition d'vn Panygerique du Card.
Mazarin seront ses bons amis, & ses pensionnai-
res; Ceux qui veillent à la descouuerte de quelque
piece contre ce pernicieux Ministre sont bien re-
compensez. Tesmoins le surnommé Pacifique
qui est dans la Conciergerie, & qui a passé par
ses mains sans nul hazard, apres auoir fait, la puis-
sance des Roys, & le pouuoir des suiets sur les Sou-
uerains, l'Harmonie de la Cour, & plusieurs autres pieces horribles & detestables; dont le Lieu-

tenant Ciuil à connoissance) contre la propre personne du Roy, & de S. A. R. Le garçon de son
Imprimeur est mort en prison, imaginez vous
comment, dans deux iours, affin qu'il n'achetast
point de descouvrir le reste des pernicieux ouura-
ges de cét infame Autheur; Cependant le sieur
Pacifique ne reçoit point de chastiment, parce
que M. le Lieutenant Ciuil prétend qu'il a merité
son pardon en escriuant contre M. le Prince, sur
quoy il a esté surpris, non par luy, car ce n'est
point à ceux-là qu'il en veut, leur donnant au contraire permission de vendre & debiter toute sorte
de pieces sans crainte ny dommage, s'estant de-
claré ennemy iuré de la Maison de Condé, depuis
que M. le Prince l'est du Mazarin, *Considerez vn*
peu l'integrité de ce Chef de Police.
Si l'on entend parler dans Paris que le Lieutenant Ciuil a fait quelque capture, qu'il a veillé
pour ce suiet toute vne nuict dans vn carefour de
l'Vniuersité, l'on apprend en mesme temps, que
ce n'est point celle d'vn voleur, d'vn filou, d'vn
meurtrier, d'vn coupeur de bource ou d'autres
semblables, mais d'vn miserable Imprimeur qui tra-
uailloit pour M. le Prince ou quelque autre Fron-
deur contre le Cardinal Mazarin. C'est ceux-là,
que cet admirable chef de Police fait tousiours la
guerre, ce sont ceux-là qui sont condamnez à de
grosses amandes, bannis pour iamais, condamnez

au foüet, à la torture, aux galeres perpetuelles, &
enfin à tout ce que sa cruauté luy peut inuenter de
barbare & d'inhumain. Et ie souftiens que cette
façon d'agir qui fortifie le Cardinal, dans l'esperance qu'il a d'intimider si bien tout le monde,
qu'il ne se trouuera personne qui dors-en-auant
l'ose chocquer ny blasmer, au lieu que si nous a-
uons toute sorte de liberté sur les Mazarins, nous
les reduirions a si petit nombre, qu'on ne seroit
point en peine de les conter.

Ce bon seruice, que le Lieutenant Ciuil rend
à ce Perturbateur du repos public auec tant de
soing, luy gagne de bonnes pensions, que ce voleur ne manque point de luy bien payer, afin que
l'obligeant à veiller soigneusement à ce que personne n'escriue contre luy, l'oubly des maux qu'il
nous a fait souffrir, ou les menaces qu'il fait à ceux
qui en rapellent la memoire, empesche auec le
temps que les Parisiens ne s'opposent à son retour
dans cette ville, afin que par cette timidité ou cet
oubly il puisse trouuer l'occasion d'en prendre la
vengence qu'il en a premeditée, se flattant pre-
sentement quelques particuliers, que pour s'en
seruir d'instrument à perdre le general, on void vn tes-
gnage euident de la sottise de ce Ministre, il voudroit
nous faire perdre la memoire des maux passez; mais il
est si despourueu de iugement, & est si accoustumé à mal
faire, qu'il ne peut s'empescher luy mesme de nous en

D

*faire ressouuenir par ceux qu'il nous fait endurer tous
les iours. Car il a vne telle inclination naturelle à la
cruauté, que quand sa vie en dependroit, il ne sauroit
s'en abstenir que lors qu'il n'en a point d'occasion, veu
que sa presence nous pourroit parroistre plus supportable, s'il nous monstroit ou nous faisoit esperer quelque
douceur, il ne sçauroit pourtant forcer son naturel.
Quod natura dedit tollere nemo potest.*

Y a-t'il rien de plus insolent, le Parlement condamne le C. comme le plus meschant homme du
monde, & le Lieutenant Ciuil ne veut point de
son authorité seulle, que l'on le basme de ce qui a
donné lieu à sa condamnation. Tout le monde
sçait que toutes les actions de ce bougeron sont
autant de crimes, & d'attentats à l'authorité Souueraine, que sa seulle presence affoiblit, & le Lieu-
tement Ciuil pensera nous empescher de le descrier, & de nommer tous ses partisants, parce qu'il
en est du nombre, & des plus eschauffez à le seruir. Les Cours Souueraines prennent du retour
de ce banny le suiet de prescrire sa teste, & le Lieutenant Ciuil ne voudra point que nous disions
que ceux, sans lesquels il ne l'eust point entrepris, sont aussi coupables que luy, & meritent tirez
à quatre cheuaux, tresnez par les ruës, & apres ex-
posez à la voirie, aussi bien que ceux qui nous
font de telles deffences, ou le seruent en quelque
maniere que ce soit; puisque ce perfide n'eust ia-

mais entrepris de uous porter la guerre par sa presence, s'il n'eust trouué des personnes assez lasch-
ches, pour briguer son restablissement, & pour
l'escorter iusques dans le cœur du Royaume, par
le seul espoir d'agrendir leur fortune au destri-
ment de celle de tous les suicts du Roy. Ces personnes meritent-elles point la Corde? Puisque
des Officiers de la Couronne, & des François
sont plus coulpables d'entretenir la tyrannie e-
strangere, que le Tyran ne l'est de se vouloir conseruer: C'est cette raison qui nous doit obliger de
ne considerer plus ces gens, que comme l'obiet
de la haine publique, & la source de tous les maux
que la presence du Cardinal a causé en rentrant,
cause tous les iours pour se maintenir, & causera
encores pour reprendre le pouuoir d'exercer son
encienne tyrannie.

Peut-on rien voir de plus impudent? que de
considerer voir entrer en France ce traistre contre
toutes les deffences qui luy ont esté faites, & que
les Mareschaux d'Occquincourt, d'Aumont, de
la Ferté Senetere, & plusieurs autres Gouuer-
neurs de Prouinces & places frontieres, luy en
ayent ouuert les portes, l'escortent eux mesme, &
quittant leur Gouuernement, le mesnent triom-
phant à la Reine. Peut-on rien considerei de plus
insolent? que de voir qu'il se trouué encores des
personnes assez effrontées, qui parlent pour le

Cardinal, & qui ofent deffendre fes interrefts en empefchant qu'on ne faffe bien toft perir tout ce qui contribue au reftabliffement de cet eftranger, & cependant l'on n'ofera point dire qu'ils font criminels & dignes d'vn fi grand chaftiment que la pofterité n'en perde iamais la memoire. C'eft trop ridicule, le Cardinal eft criminel, tous ceux qui le feruent le font auffi, & perfonne ne peut point empefcher de parler contre-eux, qu'il ne pretende iuftifier ce retour, en ne pouuant point fouffrir qu'on blafme ce à quoy ils ont tant de part celuy qui agit contre les ennemis du Cardinal, pour la feule raifon qu'on tafche de perdre ce profcript & fes adherants, prend ouuertement le party de ce Tyran, fi l'on a droit de punir ceux qui tafchent de deftruire ces condamnez, de Parlement a eu grand tord de nous commander de leur coure fus; Car, puis qu'au fens du Lieutenant Ciuil & autres Mazariniftes, l'on eft criminel en blafmant la conduitte de ceux que les cours Sou-ueraines ont condamné, à plus forte raifon feront à leur fentiment les Parlements coulpables d'a-uoir condamné ceux qu'on ne veut point qu'il nous foit permis de blafmer fans crime. C'eft pourquoy ces Illuftres Senateurs ayant eu iufte fu-iet d'y proceder de la forte, vn chacun peut har-diment fuiure dans cette occafion leur fentiment, & leur coure fus criant, *ce font des Mazariniftes*

font

*sont des criminels, ce sont des ennemis de l'estat,
tuë, tuë, tuë, rasons leurs maisons, exterminons
cette race, & prenons leur bien pour leur faire
la guerre à leurs propres despens, comme ils nous la
font aux nostres*, puis que quand nous execu-
terions tous les iours ces parrolles sur ceux qui
viendroient à nostre rencontre, nous ne ferions,
que ce, à quoy les Arrests des Parlements, & les
Declarations du Roy nous inuitent, veu que quoy
que sa Majesté ait cassé l'Arrest de prescription, n'a
pourtant point reuoqué ses Declarations données
*contre le Cardinal, & ceux qui luy donneront secours
en quelque maniere que ce soit,* ceux qui s'opposeront
à l'execution des assemblées & des entreprises qui
se feront sur ce suiet, se declareront ouuertement
Mazarins, contreuiendront aux Arrests de Parlement & aux Declarations du Roy; d'autant
qu'il n'y a que les complices de ce retour, qui ap-
prehendent qu'on n'en recherche si bien toutes
les circonstances, qu'ils s'en trouuent eux mesme les seuls autheurs, ou pour le moins partici-
pans au moyen qu'il cherche de subsister, par la
longueur que ses amis portent à tout ce qui se doit
faire contre ce banny, qui ne trouuent toutes les
assemblées tant d'expediants, que pour gagner
autant de temps, sous pretexte de conseruer l'authorité Royalle, que le Cardinal seul & ceux qui
agissent pour luy ont réduite au point où elle est,

E

deſcrüé, par la liberté que l'on prend de ſe plaindre, de ſe venger, & de s'oppoſer aux miſeres
qu'il cauſe dans l'Eſtat ; Enfin l'on feroit bien
mieux d'y remedier auant que noſtre patience ne
s'eſchappe, & puis que nous pouuons nous faire iuſtice par nos propres mains en extermi-
nant cette engeance, qui prolonge nos miſeres
par des eſchapatoires continuels, pourquoy nous
attendrons nous à leur chiquane qui ne tend qu'à
noſtre perte, & à la conſeruation du Cardinal
Mazarin, *cur circuitu petis gloriam, quæ ad manum*
poſita eſt.

Ie voudrois bien ſçauoir par quelle raiſon le
Lieutenant Ciuil pretend s'excuſer de la perſecu-
tion qu'il fait à tous ceux qui haïſſent ſon bon amy
le Mazarin, puis qu'il ne le peut auec iuſtice, à
moins que dementant tous les Parlemens de France, & toutes les perſonnes que nous cognoiſſons
de plus conſiderables dans le Royaume, il nous
veüille perſuader que le retour du Card. eſt iuſte,
parce qu'il en eſt penſionnaire, d'autant que per-
ſecuter ceux qui taſchent d'animer les peuples contre le Cardinal & ſes adherans, n'eſt autre choſe
que proteger ouuertement le Cardinal & ſes creatures, & s'oppoſer à l'execution des Arreſts du Par-
ment, qui nous enioignent (comme i'ay deſia dit)
de courre ſus à tous ceux qui le ſeruent, ſans en excé-
pter le Lieutenant Ciuil, ny nul autre : c'eſt pour

quoy en vertu du pouuoir qui nous est donné,
nous n'auons que faire de chercher ailleurs, ce que
nous auons dans nos propres mains, c'est à dire
nostre salut, en massacrant toute la Mazarinaille.
*Nolité (quod pigri agricolæ faciunt) maturos fructus
per inertiam emittere è manibus, maiora sunt pericu-
lis præmia.*

Mais de grace, si l'on à dessein de chasser ce proscript, quel desordre peut arriuer trop grand contre ceux de son party (n'en voyant point que ceux
de sa caballe, ou soubçonnez, tels qu'ils craignent)
puis que si nous estions assez heureux d'en voir vn
suffisant pour les exterminer tous, nous aurions
suiet de dire que ceux qui voudroient s'y opposer,
voudroit differer leur perte & continuer nos miseres, qui ne finiront iamais que par la destruction
generalle de tous ceux qui seruent les Tyrans, & si
le Diable auoit emporté tous ceux qui l'ayment
plus que moy, la France seroit en repos, nous ioui-
rions auec plaisir du peu que ce traistre nous a laissé, & la guerre Ciuille n'ayant eu d'autre commen-
cement que l'apprehension de son retour, auroit desia trouué sa fin dans la certitude de ne le iamais plus reuoir. *Reddita nostro pauore, quàm sua
virtute fœlicior.*

Et si le Comte d'Harcourt auoit esté deschifré par
le peuple auparauant sortir de Paris, vn autre n'eum
point se prendre la conduite d'vne Armée, dô-

ſtinée & occupée depuis ſix mois, à la perte du plus
neceſſaire appuy que nous ayons maintenant contre les entrepriſes du Cardinal Mazarin. Si toute
la maiſon d'Albœuf auoit eſté entierement ſacca-
gée, & deſtruite d'abort qu'on luy a veu em-
braſſer le party de ce Sicilien, les autres Seigneurs
de France euſſent eu de l'apprehenſion de ſe mettre dans cette brigade de voleurs; Si les maiſons
de ceux qui ont ramené le Cardinal en France
auoient eſté raſées & leur bien confiſqué pour faire la guerre à cet infame authœur de nos maux, la
crainte d'vn pareil chaſtiment en auroit retiré les
autres, & ce faſquin, ſe voyant delaiſſé, nous auroit mis par ſa fuitte hors de peine de nous tenir
ſur nos gardes, & de ſongea à noſtre conſeruation. Enfin ſi la pluſpart de ceux qui ſe declarent
encores auiourd'huy dans Paris pour le Mazarin
eſtoient tirez à quatre cheuaux le reſte ſe rengeroit
à ſon deuoir, il n'y auroit point d'eſprit partagé,
& tous vnis, nous acheuerions dans vne heure ce
que des Siecles entiers ne pourront peut-eſtre
point décider ſi l'on laiſſe impunément agir les
Mazarins. En vn mot par la liberté qu'on leur
laiſſe ils entretiennent noſtre diuiſion, la diuiſion
fomente la guerre continuë les maux que la France ſouffre, & vne reuolte generalle contre cette
malheureuſe engeance mettra fin à nos miſeres, &
reſtablira le repos dans l'Eſtat, car autant que nous

en

en souffrirons, & les desordres continuëront tou-
sjours, vn seul coup peut tout brusler, & nostre
froideur tout perdre. *Parua sæpe scintilla contem-*
pta magnum excitauit incendium: nihil aliud in
haste desp[...] spre[...] qual[...]
gentis facies [...] d exercitu [...]

Si i'estois le Cardinal Mazarin, Dieu m'en garde,
& que ie sceusse (comme il scait) la haine que les
Peuples, & les gens d'honneur auroient pour moy,
ie ne sçaurois souhaitter vn plus grand seruice du
Lieutenant Ciuil, & de tous mes amis, que celuy
d'empescher qu'on ne blasmast ma conduitte, de
punir ceux qui deschireroient ma reputation, & de
donner toute liberté mesme à la recompense à
ceux qui tascheroient de me iustifier; c'est à quoy
le Lieutenant Ciuil employe le credit & l'authorité que sa charge luy donne pour le Perturbateur
du repos public. Mais mal-heureuse conduitte
de ceux qui agissent de la maniere pour vn tel Ministre: Tous les demons d'Enfer n'ont point assez
de cruauté pour venger suffisamment le desir, que
tous les gens de bien doiuent auoir, que cette
maudite seste si [...] bien-tost exterminée: c'est
pourquoy courons tous à nostre bien, trauaillons
promptement à nostre repos, massacrons ceux qui
entretiennent nos desordres, & ne craignons rien,
nihil tam ille firmum constituit, quod non
possit euitari [...]

L'on pourra dire fort raisonnablement que le Car-

F

dit le Mazarin estre coulpable de tous les maux que
la France souffre, & celle qui l'attaque sont,
que tous ceux qui l'accompaignent le sont aussi, &
qu'estant des douleurs que generallement toute
la France ressent, vn chacun est obligé de ne rien
obmettre pour tascher d'exterminer tous ceux qui
fauorisent ce party ridicule, & ceux mesme qui se
picquent tant de l'authorité Royalle y sont obligez pour la conseruer, veu que la presence du Cardinal luy est si funeste, que le pouuoir du souuerain qui deuroit estre absolu, se treuue neantmoins, par le recour du fauory de la Reyne sujet à
voit tous les iours de reuoltes contre ce tyran, &
obligé de parcourir tout son Royaume pour y remedier par des compositions de mauuais exemple, & par des moyens qui ne font qu'augmenter
nos miseres & entretenir nos desordres autant que
le Cardinal subsistera. Et si par la perte generalle
de toutes ces personnes, l'on peut mettre fin a tant
de malheurs, pourquoy nous empeschera t'on
d'instruire le peuple du moyen de se sauuer prôpte-
ment du mal qui les attire insensiblement par leur
pesanteur dãs l'abisme, d'ou il ne leur seroit plus possible de sortir? Et enfin puis que c'est le plus seur
& le plus court expediant, pourquoy est ce qu'on
ne l'executera point? où plustost pourquoy souf-
frirons-nous qu'on nous empesche de l'executer.

Ite, veloces, & vltrices furiæ,
Pulsate, nec parcite vniuerso exercitui.

Ceux qui apporteront ou fairont naistre des
obstacles à l'execution d'vn si bon dessein, veulent ouuertement rendre nos miseres d'aussi longue durée, que leur malice est infinie, afin qu'auec
le temps ils puissent nous mettre si bas, que nous
soyons contrains de souffrir le tyran & sa tyrânie;
estant impossible de se persuader a moins d'estre
Mazarin, ou pire que Mazarin, que l'on puisse auoir
assez de meschanceté pour empescher le desordre
qui peut arriuer sur ce sujet, veu qu'il ne peut estre
preiudiciable qu'à ceux qui sont complices de ce
retour, ou participants aux brigandages que le
Cardinal exerce continuellement, & enfin ny
ayant que cette sorte de gens qui craignent & em-
peschent, nous pouuons dire auec iustice que, *di-
gni sunt morte, non solùm qui faciunt ea, sed etiam
qui consentiunt facientibus.*

Il ne faut point se flatter, il n'est plus temps,
tous ceux qui ont souhaité ou contribué au banis-
sement du Cardinal Mazarin, ou qui n'ont point
approuué son retour doiuent perir ou faire perir
ce perfide, ne pouuants trouuer de la seureté dans
les parolles Royalles, tant qu'il subsistera, s'en
seruant à toutes sortes d'vsages, à deffaire demain
ce qui se fera aujourd'huy; vne Declaration du
Roy, n'est qu'vne Declaration: & s'il y en doit auoir
de plus efficaces les vnes que les autres, celle que
sa Majesté donna le iour de sa Majorité, en la presence de tous les Officiers de la Couronne, de tous

les Seigneurs du Royaume, & de tant de millions
d'ames qui eſtoient accburües a cette ſolemnité,
verifiée, luë, publié en ſa preſence, & ſignée de ſa
main deuroit auoir plus d'effet, & eſtre plus inuiolable que toutes les autres; cependant le Cardinal Mazarin, nous faiſt voir que toutes celles
qu'il faiſt donner ne ſont qu'autant le pieges qu'il
nous tend. Et puis qu'il a eu aſſez de pouuoir pour
en faire rompre vne en ſa faueur ſi ſolemnelle,
pourquoy ne le faira-t'il point encores vne fois s'il
ſubſiſte, quand il trouuera l'occaſion de ſe venger; puis qu'il peut en toutes ſaiſons, & en toutes
rencontres, alleguer les meſmes raiſons qu'il donné a preſant, *le Roy le veut*; quoy que tout le monde ſaſche, que ſi ſa Majeſté eſtoit inſtruitte des
maux qu'il cauſe dans l'Eſtat, elle ne le regarde-
roit iamais; puis donc que tant d'exemples nous
monſtrent qu'il ne s'en ſert que pour nous tromper, s'aſchant que le Roy n'en peut iamais donner, à laquelle nous deuions auoir tant de confiance, que nous eſtions obligez d'en auoir en cela
le là, pourquoy ne taſcherons nous point de chaſ-
ſer ce coquin pour confirmer les ſubjets dans la
croyance qu'ils doiuent auoir aux promeſſes de
leur ſouuerain; que ſi le Cardinal pretendoit que
cette Fraude n'a vint point de ſon inuention, mais
du ſoubſmouuement de ſa Majeſté, il le rendoit
coulpable d'vn crime que le Roy ne luy deuroit
iamais pardonner, puis qué par cette raiſon, il
veu-

veudroit nous persuader que sa Maiesté est capable de telles bassesses pour tromper son peuple, &
par ainsin attirer sur le Roy la hayne que sa seulle
fourberie à iustement merité de tout le monde,
puis qu'on peut appeller cette action *postremum
sacrilegiorum omnium, impietatum cælo & terræ,
inferis pœne ipsis erubescendum.*

Comme le butor n'a point le iugement de considerer ce qu'il faict, il s'est trahy en pensant nous
trahir, il croioit par cette Declaration tromper
Monsieur le Prince, & gaigner du temps pour le-
uer les voleurs qu'il a mené en France, sans pre-
uoir que le Roy engageant sa parolle seroit eter-
nellemēt obligé de le chasser honteusement, puis
que sa Maiesté nous l'a tant promis, & par ainsi ce
perfide en pensant se deliurer des poursuittes que
Monsieur le Prince faisoit pour lors au Parlement
contre ses creatures, pour rompre le commerce
qu'on luy entretenoit auec la Reyne, qui nous cause tant de mal, il a engagé insensiblement tout le
monde à contribuer à sa perte, & à celle de ses
amis. Outré les maux qu'il a faict, nous auons vn
legitime pretexte de luy faire la guerre, puis que
le Roy nous la commendé par des Declarations
verifiées dans tous les Parlements de France, du
consentement de tous les Princes, & Ducs & Pairs
& à la priere vniuerselle de ses subjets, qui doiuent
estre bien plus inuiolables, qu'vn Arrest du Con-
seil d'enhaut prononcé & dicté par celuy, en faueur de qui, c'est donné, auec trois où quatre de

G

sa faction seulement, sans estre verifié en nul endroit que dans le cabinet de Ma. d'où il est a croire
qu'il a esté dōné par surprise, puis qu'on ne la point
enuoyé aux Cours Souuerainnes pour y estre verifié, & qu'il est entierement contre le seruice du
Roy & le bien de ses subjets ; à quoy sa Maiesté n'a
iamais songé, & c'est vne pure action du Cardinal
qui expose le Roy à la honte de voir son peuple
dans vne mesiance perpetuelle de tout ce qu'il
promettra à ses sujets, qui est le plus grand mal-
heur que l'on peut attirer sur la teste d'vn souuerain, les exemples horribles que nous venons d'en
auoir dans nostre voisinage deuroient obliger
tous ces faux Zellateurs de la Royauté, à coure
les premiers sur la fripperie de ce faquin, puis qu'ils
ont veu que les Ministres ayant laissé les Roys coupables de leurs propres fautes, ont excité les sujets contre le Souuerain, ne pouuant souffrir la
Couronne sur la teste d'vne personne, à la foy de
laquelle l'on ne peut point auoir de confiance.

C'est pourquoy, l'on doit faire voir à
tout le monde, que bien loing que le Roy aye
contribué au retour du Cardinal, il faut croire
que cella c'est faict sans son consentement, parce
qu'il n'est point possible que sa maiesté voulut em-
ployer son pouuoir & son authorité à sa propre
perte, pour conseruer vn homme si contraire à sa
gloire & son aduantage, qui estant le sujet de nos
diuisions est le detestable autheur de nos desordres. C'est pourquoy nous sommes obligez pour

le maintien de la Couronne, le repos de l'Estat,
& le soulagemēt des peuples de chasser cét estranger, qui pourroit par cette façon d'agir, rénuerser
l'vn & l'autre. *Prototo pars bene deperditur.*

Il n'y a rien qui doiue plus nous surprendre que
la lascheté de ceux qui se sont desuoüez au seruice du Cardinal Mazarin, qui ayant l'ame basse
& mercenaire, n'ont point de honte de se prosti-
tuer à toute sorte d'employ, pourueu qu'il y ait
quelque apparence de lucre, & de toutes les personnes de condition qui sont dans son party l'on
n'en voit point vne qui ne se soit soubmisse à des
choses indignes de sa naissance, les Mareschaux
d'Ocquincourt, d'Aumont & de la ferté Seneter-
re ne seroient point contents de seruir le Roy contre les ennemy de l'Estat, sous vn Prince du Sang,
& ont pris la conduitte d'vne trouppe de brigants
sous le plus infame de tous les hommes, l'esperance du pillage leur à faict preferer cét employ à l'a-
mitié des peuples ; & pour auoir ambrassé vn party
qui leur donnoit l'occasion de voler, ils se sont
attirez le reprosche eternel que la posterité leur
faira d'vne telle laschetté.

Le Duc d'Anuille qui n'auoit iamais paru dans
nulle bonne occasion, commença-il à 15 a 18 mois
à faire parler de luy en leuant vn regiment a ses
despens contre Madame la Princesse, pour le Cardinal, lorsqu'elle fut contrainte d'aller chercher
son refuge à Bourdeaux, pour auoir osé deman-
der à la Iustice, la condamnation où la iustification

de Monsieur son Mary, & s'estant d'illeurs mis en
estat de destruire Monsieur le Prince son Cousin
Germain, continuë encores dans ce pernicieux
dessein des praticques detestables pour le seruice
du mesme Cardinal, & à le cœur & l'ame si mal
placez, qu'il ne fairoit point difficulté de sacrifier
toute sa parenté pour ce Sicilien, non plus que son
Frere l'Archeuesque de Bourges, qui est incessamment sur les passages auec des brigants pour
tascher de prendre quelque Courrier de monsieur
le Prince, & l'enuoyer au Cardinal; pour le seruice duquel il quitte celuy de Dieu, & oublie le deuoir de son caractere pour pratiquer cét infamme
metier de guet à pah, cependant, que son frere le
Duc d'Anuille, faict gloire de paroistre dans Paris & à la Cour, l'homme d'importance, & le
grand negociateur des plus secrettes affaires du
Cardinal Mazarin, quittant laschement le seruice
de son Altesse Royalle, ambrasse ouuertement
celuy de son ennemy mortel. & est encores assez
effronté de luy porter la carte blanche pour luy
faire changer de sentiment, sans considerer que
cette seulle pensée qu'il a euë de pretendre cor-
rompre la sincerité de ce grand Prince, merite
toute sorte de chastiment, & la hayne eternelle du
peuple, pour l'auoir voulu entreprendre contre le
bien general de toute la France, qui n'a presente-
ment que le seul appuy de son A. R. & de monsieur
le Prince, qu'il eut bien voulu seduire pour nous sacrifier au mesme Tyran, qui nous à tant fait souffrir.

Mais

Mais si ceux qui font de telles entreprises pour gaigner ceux qui nous protegent, meritent qu'on leur coure sus, comme partysans du Cardinal Mazarin, & ennemis du salut des peuples, ceux qui taschent de nous diuiser pour nous perdre par leurs faucetez, ne meritēt pas moins nostre hayne, puis que les vns & les autres, conspirent nostre ruine par differentes voyes. Saintost qui est icy le distributeur des nouuelles Mazarinnes, auec Beautru, & quelques autres n'espargne point l'argent de son maistre, pour tascher d'infinuer par des faux bruits la crainte dans l'esprit des peuples, & qui n'estant point assez hardi pour les aller crier par les ruës luy mesme, sans du moins quelque apparence de verité despuis qu'on la rendu responsable de ce qu'il aduanceroit, donne des relations manuscrites à de certains cabarettiers gagez pour les monstrer à ceux qui vont boire ou manger dans leur maison, affin que ses aduantages chimeriques venant peu à peu des vns aux autres, tout Paris en reçoiue l'impression qu'il en attend toutes les fois qu'il sçait qu'on doit Fronder au Parlement, affin que ces victoires immaginaires remportées sur Monsieur le Prince relentissent pour le moins les esprits, s'il ne peut tout à fait les gaigner, & par ce moyen iettant la crainte & la diuision dans le Parlement, il continuë nos miseres en empeschant d'aduancer nostre bien par vne vnion estroitte & generalle de tous les corps auec son Altesse Royalle & Monsieur le Prince, contre l'ennemy commum. Ce mesme petit Mazarin de Saintost, d'abord qu'il sceut apprendre que Monsieur

H

le Prince à perdu vn homme dans quelque rencontre pour preuenir les esprits auparauant qu'on
en s'asche la verité, s'en va auec quelques vns
de mesme caballe chez le nommé Guil, pour faire vne relation telle qu'il la pourroit souhaitter, s'il
ne despendoit que de sa volonté pour destruire
Monsieur le Prince; où estant l'vn propose à l'autre.
Il s'agit icy de rendre vn bon seruice à son Eminance,
Monsieur le Prince a deffait quelques troupes de monsieur
d'Harcourt, cella eschauffera des Frondeurs, ils n'en ont
point encores receu la nouuelle a cause du destour que
leurs Courriers sont obligez de prendre, pour euiter d'estre
pris, on me mande que M. le Prince y a perdu quelques
vns des siens, il faut preuenir les esprits par vne Relation,
a nostre aduantage, où nous nommerons ceux qui ont esté
tués de M. le Prince, & nous attribuant cette Victoire,
cella empeschera qu'on ne croira point si bien ce qu'ils en
diront apres nous; Les autres respondent, Voila qui est
bien, trauaillons donc promptement, ayons viste de l'ancre
& du papier, il faut mettre quinze cens sans assins, dix-
huict cens cheuaux deffaits & pour le moins cinq cens
prisonniers; vn autre dit, c'est trop si on en met tant
on n'en croira rien: Saintot replique, il en faut mettre
beaucoup, afin que le Parlement ne fasse rien demain,
nous irons bon matin au Palais faire courre ce bruit auparauant qu'ils soient assemblez, ils ne croient iamais
guiere plus de la moitié de ce que l'on met dans les Gazettes,
& ainsi il en faut mettre beaucoup. Afin que cella fasse
plus d'effect, si nous mettons 2500. hommes deffaits ils croi-
ront au moins qu'il y en a 1200. ou 1000. & cella les
estonnera.

Quelqu'vn d'entreux à qui la passiob à encores laissé quelque teinture de iugement, replique, que d'en-
tant mettre les rend à la fin ridicules & odieux, à ne pou-
oir iamais estre creus de rien qu'ils puissét asseurer. Mais
Saintot qui ne se gouuerne que par l'aueuglemét qu'il
à pour le seruice du C. donne les batailles dans cette
chambre, remporte des victoires, prend des prisonniers, tuë & massacre autant d'hommes que la conion-
cture des affaires de son maistre luy faict iuger estre à
propos, en faict vne emple relation, exageré toutes
choses auec tant de circonstance qu'il s'imagine qu'on
ne sçauroit doubter de ces suppositions, & attribuant
la gloire de ce carnage inuenté à quelqu'vn de l'armée
du Comte d'Harcourt, se priue de l'honneur qui luy
en est entierement deu, puis qu'de cette chambre, il
gaigne luy seul des batailles dans l'armée de Monsieur
le Prince, & remporte des victoires.

Le Gazetier se sert de la mesme inuention, & s'est
si bien accoustumé à mentir dans ses gazettes pour le
seruice du C. que ne racontant iamais fidellement vne
nouuelle de quelque endroit du Royaume, si le C. y est
interessé, sinon que ce soit des sottise ridicules pour
remplir ses trois cayers, à aussi practiqué despuis quelque temps la mème meschanceté pour les païs estran-
gers. Tellement que s'aschant qu'on ne peut point sur
le champ le contre-dire, il ne se soucie plus d'entretenir correspondance comme auparauant, & nous
volle pour espargner le peu que cela luy couste, en
nous entretenant de bagatelles si impertinantes, qu'il
se condamne par la contrarieté de ses escrits, par

l'impoſſibilité de ce qu'il dit, & par la repugnance ma-
nifeſte de ſon diſcours à la verité des choſes.
Le Mareſchal de l'Hoſpital ne ſe declare point ſi ſem-
blablement ouuertement, ſon feu eſt neantmoins plus grand,
lqupy que plus couuert, & ſe ſeruant d'vn ſtratageſme
horrible & deteſtable, il eſt bien plus dangereux. Par
vne laſche hypocriſie il contrefait le bigot, & ſous des
trompeuſes apparences d'homme de bien, s'en va par
des Parroiſſes ſoliciter d'en eſtre Marguillier, & par cette
feinte deuotion taſche de gaigner les anciens, careſſe
des chef des corps de Ville, & inuite ſouuent chez luy
des principaux Bourgeois du quartier, affin de les attirer
à ſoy, *c'eſt à dire à Mazarin, n'agiſſant que pour luy*, & en
les d'eſtaſchant par ces ruſes des interets de leurs conci-
toyens, les engage inſenſiblement à tout ce qu'il veut
faire pour le Card. Mne faiſant point de difficulté de
trahir la Ville dont il eſt Gouuerneur, ſa Patrie, & tout
ce qu'il y a de gens de bien, pour taſcher de reſtablir la
tyrannie eſtranger, *apres qu'à ie vous laiſſe a penſée qu'il*
merite.

Il ne faut point s'eſtonner ſi des diſciples d'vn tel
maiſtre trouuent des inuentions pour nous tromper, puis
que s'eſtant eſtudiez auec ſoing à ce beau meſtier ſous
le Cardinal Mazarin, ils peuuent ſe venter d'auoir eu
vn precepteur qui l'entend mieux qu'homme du monde, & auec l'inclination naturelle que ceux qui ſont
dans ſon party ont à mal faire, imaginez vous s'ils ne
ſçauent point ſi bien ſeruir des bons documents d'vn
ſi celebre Docteur en parfaitte fourberie; mais ce qui
doit bien d'aduantage nous ſurprendre, eſt la laſcheté

de ces

de ces perfonnes, qui oubliants ce qu'ils font, n'ont point
de honte de paroiftre dans Paris pour le feruice de ce ridicule Miniftre, tantoft en Courriers du cabinet de fon
Eminence, tantoft en declamateur, tantoft en gazettiers,
tantoft en aduocats, tantoft en efcriuins, & toufiours en
infâmes partifants du dernier de tous les hommes; fans
confiderer que puis que Dieu leur à fait la grace à quelques vns de les faire naiftre dans vn eftat qui marque quelque chofe dans le Royaume, s'ils auoient le moindre fentiment d'honneur & fe cognoiffants, ils deuroient ne fe
point proftituer auec tant d'infamie à tout ce que ce faquin peut fouhaitter deux de plus vil & de plus enorme.

La chofe du monde la moins fuportable, & la pratique
la plus dangereufe de tous ceux de la faction Mazarinne,
eft le mauuais vfage qu'il font de là parolle du Roy, qui
fe feruant de la foy Sacrée de fa Maiefté à tout ce qui leur
peut eftre vtille, ne font point difficulté de langager à
promettre, & ne point tenir, à diffimuler dans les chofes
les plus ferieufes; à fourber dans les plus importantes, &
à mentir ouuertement s'il eft befoing pour fon feruice.
Ie demande pardon à fa Maiefté fi ie fuis contraint de me feruir
de ces termes pour monftrer en combien de maniere le fauory de fa
Mere le trompe. Chofe horrible; cet impertinant fait efcrire vne lettre au Preuoft des Marchants & Efcheuins de
Paris au nom du Roy, par laquelle il leur promet qu'il
veut que les rentes foient entierement payées dans le
temps mefme qu'il fe faifit de l'argent deftiné à ce payement par tout ou il paffe. Et pouffant encores aueuglement fon extrauagance plus auant, il en fait efcrire vne
autre au Parlement, par laquelle fa Maiefté affure qu'elle
fe met en chemin pour venir à Paris au pluftoft, & par

le mefme courrier il enuoye ordre au grand Confeil d'aller à Tours; confiderez s'il n'a pas bien du deffein de tenir ce qu'il promet. Et fi nous pouuons auoir de la confiance tant qu'il fubfiftera à tout ce qu'il y a mefme de plus inuiolable & de plus facré.

Enfin Mrs pour conclure il n'y a qu'vn mot à dire; M. le Duc d'Orleans & M. le Prince font criminels, ou le Card. Maz. l'eft; puis que le dernier veut ce que les autres font refolus de ne point fouffrir; leurs fentimens eftans abfolument contradictoires il faut neceffairement que les vns ou les autres ayent mauuais deffein; fi le Card. eft innocent toutes les apparences du mal, voire mefme toutes les actions qu'il a faittes font fi mifterieufes qu'il faut comprendre à fon fens que le mal eft bien, & que le bien eft mal, & que n'ayant point encores fçeu connoiftre cette rouffe, les Parlemens & tout ce qu'il y a de gens de bien, mefme beaucoup de mefchans font coupables de l'auoir condamné fans luy faire expliquer le bien & le mal à la mode de fon païs. C'eft pourquoy, raillerie à part, il eft temps qu'vn chacun deffille fes yeux pour confiderer que fi la guerre continuë la France eft perduë, que la diuifion entretient la guerre, & qu'il n'y a qu'vn party à tenir pour mettre fin à nos defordres.

Si le C. doit fubfifter il faut promptement s'accomoder auec luy, fe rendre tous Mazarins, & inuiter cet eftranger à venir au pluftoft dans Paris reprendre fa place & fon authorité fans l'efgrir d'auantage. S'il faut le chaffer il ne faut auffi point y tant fonger, il faut eftre tout vn, ou tout autre, & faccager tout ce qui fe trouuera de gens deuoüez au feruice de ce profcript. Car de fouffrir que cette guerre dure d'auantage pour n'ofer affommer vne poignée de

factieux qu'il entretient dans Paris qui donnent le branſle
à tout ; c'eſt nous lier nous meſmes les mains pour luy
donner le moyen de nous faire perir à petit feu afin de
faire durer plus long-temps noſtre mal pour ſe mieux
venger & auec plus de cruauté. Il n'eſt donc plus queſtion
de demeurer dans vne froide indifference, il faut ſe declarer nettement, & ſi nous ſommes encores aſſez laſches
de plier le col au ioug de la meſme tyrannie, il ny a qu'à
ceſſer nos plaintes, oublier nos maux paſſez, nous reſou-
dre à ſouffrir patiemment ceux qu'il nous prepare, poſer
les armes, & nous rendre ventre à terre à la diſcretion de
cet impitoyable ſcelerat. Mais s'il eſt queſtion de nous
maintenir dans cette franchiſe iuſques à preſent inſepa-
rable de noſtre nation & de ſecoüer le ioug inſupportable
d'vne domination eſtrangere & tyrannique, nous ne deuons point donner à noſtre ennemy le temps de nous ſur-
monter aiſement en nous laiſſant inſenſiblement affoiblir, mais cependant qui nous reſte encores aſſez de vi-
gueur nous deuons deſtruire courageuſement celuy, qui
n'eſpargnera rien pour nous perdre ſi nous ne le preue-
nons. C'eſt pourquoy cependant que nos forces ſont encores dans leur entier allons au deuant du deſſein qu'on a
de nous diuiſer, tuons, pillons, maſſacrons, & treſnons
par les rües tout ce qui ſe trouuera de traiſtres tenans le
party infame de Mazarin. Leur faiſant eſprouuer les meſmes maux qu'ils nous deſtinent quand ils en auront l'aduantage, leur en oſtant le moyen, nons leurs ferons con-
noiſtre que bien ſouuent celuy-là perit de la meſme fou-
dre dont il menace faire perir les autres. Vn tel exemple
eſtonnera ſi bien tous ceux qui en entendront parler dans
les ſiecles à venir, que iamais nul eſtranger n'oſera le ſeruir

de l'authorité du Roy pour destruire ses sujets. Immorta-
lisons nostre memoire, & nous rendans recommandables
à la posterité par l'execution d'vne si belle entreprise, fai-
sons quelque belle action dans vne conjoncture si impor-
tante pour le bien de l'Estat, dont l'exemple puisse seruir
à nos ancestres, comme nos predecesseurs en ont fait dont
nous nous seruons tous les iours dans toute sorte de rencontre. Courage donc braues Bourgeois de Paris, esueil-
lons vn peu nos esprits, retirons-nous de cet assoupisse-
ment qui ne nous laisse point compatir aux miseres de
tant de miserables que la guerre ruine, & despeschons-
nous de mettre fin à nos maux qui dureront autant de
temps que nous demeurerons dans cette froideur ; nous
ne hazardons rien, nous n'auons rien à craindre, la victoire nous est infaillible. Paris à cet aduantage par dessus
toutes les villes du monde, que celle-cy fait en parlant ce
que toutes les autres ont de la peine d'executer en combat-
tant. Paris n'a qu'à parler hautement pour faire tomber la
balance du costé que bon luy semblera. En se declarant
cette ville surmonte, & puisqu'il ne tient qu'à dire d'vn
commun consentement, *vnion, vnion, point de Mazarin,
point de Mazarin*, ne sera-t'elle point bien criminelle de
voir souffrir toute la France, & perdre toutes les Prouinces, pour auoir la bouche close, & pour ne point faire
connoistre à S. A. R. & au Parlement qu'elle ne veut point
*de Mazarin, & qu'elle desire l'vnion contre ce perturbateur du
repos public*, &c.

Messieurs, dans cette occasion nous ne sçaurions errer,
quoy qu'il en arriue la iustice est pour nous. Les Princes
du Sang, tout ce qu'il y a de gens de bien, les Parlements
par leurs arrests & le Roy mesme par ses declarations nous

inuitent

inuitent à courre fus à tous ceux qui fauoriferont le C. Mazarin en quelque maniere que ce foit directement ou in-
directement, mefme ils nous commandent à peine de
nous rendre criminels de nous oppofer entierement au reftabliffement de ce Miniftre condamné. Les Princes n'ont
point retracté leur parolle, les gens de bien n'ont point
changé de fentiment, les parlemens n'ont point caffé leurs
arrefts, & le Roy n'a point reuoqué fes declarations, &
ainfi nous fommes authorifez en tout ce que nous entre-
prendons contre ce tyran ou fes partifans, par ce que l'on
ne peut point dire qu'vne lettre qui a efté compofée & ef-
critte du feul confentement du Card. nous oblige à quelque chofe au preiudice d'vne declaration donnée fi folem-
nellement aux vœux & fouhaits de toute la France le iour
de le majorité auec toutes les circonftances qui la pouuoit
rendre inuiolable & d'vne perpetuelle fubfiftance. Quoy
donc permettrons-nous que le Roy nous reproche vn
iour qu'il fera defabufé des deffeins du Cardinal que nous
ayons efté fi infidelles & que nous ayons fi mal vfé de fes
declarations pour fon feruice contre le Cardin. que nous
connoiffions eftre le diffipateur de fes finances & la pefte
generalle de tout fon Eftat. Quoy donc fouffrirons-nous
que fi nous fommes contraints de porter encores vn iour
nos plaintes au Parlement contre ce tyran, qu'il nous foit
reproché par ceux qui compofent cet illuftre Corps, que
nous n'auons point fçeu nous feruir de l'aduantage que
nous donnent leurs arrefts pour noftre bien; il eft de l'e-
xercice de leurs charges d'ordonner & de noftre deuoir
d'executer ce qui nous commandent, ils en font quittes
par leurs arrefts, c'eft à nous à faire le refte, affin qu'il ne
nous foit point vn iour reproché le peu d'affeurance que

nous auons eu à chercher noſtre felicité. Quoy donc ſup-
porterons-nous que tous les gens de bien nous rendent
coupables des miſeres de l'Eſtat pour n'auoir oſé declarer
la bonne volonté que nous auons de le garentir des atta-
ques que la mauuaiſe conduite du Card. luy donne. Et
quoy enfin ſouffrirons-nous que tous les princes du Sang
ayent ſujet de nous abandonner à la diſcretion des tyrans
fauoris pour n'auoir point ſeulement daigné faire con-
noiſtre par vn general *point de Mazarin, viue le Roy ſans
eſtranger male ny femelle.* La reconnoiſſance dans laquelle
nous ſommes de les voir ſi puiſſamment agir pour le repos publicq, & ne leur teſmoignerons-nous donc point à
tous enſemble dans la premiere aſſemblée du Parlement
noſtre ſentiment ſur vn ſuiet ſi important, puis que de
noſtre ſeule declaration deſpend entierement le ſalut de
l'Eſtat? allons donc Mrs prononcer dans la grand Salle
du Palais le dernier arreſt contre noſtre ennemy mortel,
& en ſuitte nous ſeruans du pouuoir que nous auons ne
mal vſons point de nos forces, employons le peu qu'il
nous en reſte pour empeſcher que les Mazarins n'augmentent point les leurs par le peu d'eſtime que nous fai-
ſons des noſtres. Enfin n'eſpargnons point ny Mazarin
ny ſes partiſans, s'ils nous tenoit auec le meſme aduantage
que nous auons ſur eux ils en vſeroit auec moins de douceur; ils n'ont point de forces que celles que nous leur
laiſſons prendre, en ne nous ſeruant pas des noſtres pour
les exterminer promptement. La iuſtice diuine ne nous
condamne, que pour auoir mal vſé du pouuoir que ſa
bonté nous auoit donné de nous ſauuer ſi nous euſſions
voulu: les Princes, les Parlemens, & le Roy meſme ſeront
vn iour nous voyans accablez ſous le poids de la tyrannie

estrangere, en droit de nous faire le mesme reproche, en nous laissans consommer dans la misere qu'ils nous auoient donné moyen d'esuiter; suiuons l'exemple des Princes, lisons les arrests des Parlemens, imitons S. A. R. executons les declarations du Roy, & mettons promptement la main à l'œuure; les peuples peuuent executer dans cette rencontre sans peril ce que le Parlement ny les Princes en leur particulier ne peuuent faire sans iuste sujet de crainte, parce que quand le peuple saccagera la maison du Mareschal d'Hoquincourt, quand il tresnera par les ruës vn Abbé d'Eusonat, & quand il exercera toute sorte de cruauté sur les Mazarinistes, il n'a point tant à craindre que si M. le Duc d'Orleans, ou le Parlement en auoit fait pendre vn seul; parce que la repressaille seroit dangereuse. Mais quand on sçait que c'est vne sedition populaire on adiouste d'abord, *il ny a point de remede il faut prendre patience. & tascher de ne point s'attirer leur haine, car apres tant de tyrannie ils ont raison de chercher leur soulagement par la perte de ceux qui font subsister le tyran.*

Hauriat hinc populus de tali sanguine vitam.

IE ne doute point que ceux qui se sentent suspeȼts ne considerent auec desplaisir l'approche de cette pierre de tousche; & ne doute point qu'ils ne condamnent en leur particulier son pouuoir; mais aussi ie suis bien certain que si l'aduis qu'elle descouure au peuple leur est fatal, qui est bien plus salutaire pour le general, qui ne peut leur estre preiudiciable; parce que n'y ayant plus de Mazarins, il n'y aura plus de tyrans; & tant que nous souffrirons cette faction de monopole nous sommes asseurez que nos miseres continuëront, que nos diuisions seront tousiours grandes, & que la guerre s'eternisera en les laissant subsister; car s'ils ne la fomentent ils seruiront de pretexte à l'entretenir. C'est pourquoy sur cette verité connuë de tout le monde nous pouuons establir vn solide fondement pour nostre conseruation; que estans ennemis capitaux des Mazarins, il est absolument necessaire de nous en deffaire, pour ne point demeurer dans vne eternelle mesfiance & eux de leur costé en faisant de mesme, nous serions en danger d'estre preuenus, estant donc de la prudence d'vn homme sage de craindre tousiours son ennemy quoy que foible, *inimicum quamuis humilem docti est metuere*, nous deuons par vn bon coup nous mettre en suitte par ce que *fiducia nimia nocet*.

C'est pourquoy pour finir & fermer la bouche à ceux qui se senti-
ront outrez par cette pierre de touche, ie dis qu'il ne parle que contre le Cardinal & ses adherans, qu'ils quitte ce malheureux commerce l'on se taira, ne croyant point manquer en voulant aprendre à la
posterité vne chose si vniuersellement connue de tout le monde; le
reste n'estant qu'vne fidelle amplification des arrests & declarations
données contre le Mazarin & ceux qui le setuent ie ne dois rien craindre, parce que, comme i'ay desia dit, si ie suis coupable d'auoir parlé
contre le C. & ses adherants conformement ausdit arrests & declarations, les Parlements le seront bien d'auantage de les auoir condamnez, & de nous enioindre de leur coure-sus auec recompense
pour ceux qui le destruiront, & punition pour les contreuenants;
puisque si l'esperance du premier, & la crainte du dernier nous fait
executer leurs arrests, ces Mrs en demeurent responsables, mais ne
croyant point que de si celebres compagnies composées de tant d'il-
lustres testes ayent donné vn arrest si authentique auec iniustice,
i'inuite derechef tous les bons François de se tenir prets à coure-sus
aux Mazarins au premier aduis qu'ils en auront, pour deliurer la France d'vne si mauditte race, afin qu'il ne nous soit point reproché d'a-
uoir honteusement vescu sous le ioug insuportable d'vne captiuité
estrangere, pour n'auoir point eu le courage de nous deffaire de ceux
qui nous y veulent soufmettre. Qu'vn chacun noublie donc point
qu'il est François, & que ne craignant rien il enuisage le peril auec
assurance, dans ce genereux sentiment animons nous contre ceux qui
veulent nous destruire en nous flatant; le Lyon se bat de sa queüe pour
s'animer au combat; representons nous les maux passez, les presents,
& ceux qui nous menassent encores, pour nous exciter à nostre conseruation par la perte de nos ennemys, & ressouuenons nous que nous
sommes tous du nombre de ceux qui disent dans les plus grands ha-
zards, *honesta mors turpi vita potior; mactiuenimo, inuictissimi ciues,
in dexteris iam libertatem, opem, felicitatem, salutem, & spem fu-
turi temporis gerimus.*

par

C. Q. A. P. L. C. M. D. L. V. D. P. A. M. D. N. 1650.

www.ingramcontent.com/pod-product-compliance
Lightning Source LLC
Chambersburg PA
CBHW051323060726
47596CB00004B/1455